À travers moi, pour elles

Les émotions d'un père écrites à l'encre du cœur.

À travers moi, pour elles

Steeven Dauphin

Édition : BoD · Books on Demand, 31 avenue Saint-Rémy, 57600 Forbach, bod@bod.fr
Impression : Libri Plureos GmbH, Friedensallee 273, 22763 Hamburg (Allemagne)

ISBN : 978-2-3225-5822-3
Dépôt légal : Janvier 2025

SOMMAIRE

Un parcours
Un espoir

Aiguilles, silence,

Des larmes nourrissent l'espoir,

Le miracle naît.

Le yoyo des émotions

Des aiguilles par dizaines, des bras offerts,
Chaque dose d'hormones, une promesse en l'air,
Un matin d'espoir, un sourire volé,
Et puis le doute qui revient s'immiscer.

L'hôpital devient une seconde maison,
Couloirs blanchis, murmures en suspension,
On attend, on espère, un battement de vie,
Mais parfois, seule l'ombre répond à nos cris.

Les jours s'étirent entre rires et larmes,
Un test négatif, et tout se désarme,
On pleure à genoux, on maudit le destin,
Puis l'on se relève, main dans la main.

Chaque échec brûle, chaque "non" fait mal,
Mais l'amour persiste, ce feu infernal,
On s'accroche encore, on y croit malgré tout,
Même si le parcours nous brise un peu plus.

Un jour, un miracle, un mot chuchoté,
Un "oui" fragile, au bout du sentier,
Les larmes coulent encore, mais cette fois de joie,
Le yoyo s'arrête, et la vie prend sa voix.

PMA, tu as fait de nous des guerriers,
Des cœurs cabossés, mais unis pour aimer,
Des litres de larmes, des centaines de piqûres,
Pour qu'enfin la lumière éclaire nos blessures.

L'espoir d'être trois

Dans nos cœurs, un vide, un rêve suspendu,
Un espoir fragile, mais jamais abattu.
Être papa, être maman, un doux refrain,
Un jour, peut-être, nos mains dans ses mains.

Chaque ventre rond nous frappe au détour,
La jalousie murmure, volent nos contours.
Pourquoi eux, pourquoi pas nous, crions-nous en silence,
Dans ce ballet d'attentes, de larmes et d'errances.

Et ces cris d'enfants, ces parents furieux,
Hurler sur un trésor, quel affront pour nos vœux !
Nous, on donnerait tout pour un éclat de rire,
Pour une nuit sans sommeil à l'entendre gémir.

Mais parfois, la lumière, dans l'ombre, se faufile,
On croise un enfant, et le temps devient docile.
Ses rires résonnent, l'instant nous appartient,
Sa joie dans nos bras, le monde paraît bien.

L'espoir, ce feu fragile, vacille et renaît,
Dans nos rêves de famille, dans chaque "peut-être".
Un jour, nous serons trois, et ce vide effacé,
Nos cœurs battront à l'unisson, enlacés.

Alors, on avance, jaloux, en colère,
Mais toujours portés par ce doux mystère.
L'espoir d'un enfant, l'espoir d'une vie,
Un amour immense, infini, inouï.

Les Échecs et la Force

Un test, un souffle, un espoir suspendu,
Et puis le verdict, lourd, inattendu.
Les larmes d'abord, puis le silence assourdissant,
Le cœur se brise, mais il faut tenir, encore, maintenant.

Je la prends dans mes bras, je la serre si fort,
Ses pleurs se mêlent aux miens, mais il faut être plus forts.
Je suis son épaule, son rocher, son abri,
Même si chaque mot me déchire, chaque "non" me détruit.

Et puis, il faut se relever, recommencer,
Raviver la flamme, un pas après l'autre, avancer.
Mais chaque échec est une coupure, un poison,
Qui fait grandir la douleur, la peur, la raison.

Annoncer à l'entourage, les sourires gênés,
Les regards pleins de pitié, les mots qui n'osent pas entrer.
Se sentir coupable, se demander pourquoi,
Quand tout ce qu'on veut, c'est donner la vie, à toi.

Et pourtant, malgré les échecs, malgré le poids,
Je trouve la force de t'aimer dans l'ombre de ma voix.
Parce que toi, ma compagne, tu es mon tout,
Et dans chaque échec, je te trouve plus forte, plus douce.

Nous continuons, ensemble, malgré la déception,
L'espoir renaît toujours, dans chaque hésitation.
Nos cœurs brisés, mais toujours unis,
L'amour est plus fort, et un jour, la vie nous sourira, promis.

La Solitude et le Partage

Trois ans de silence, trois ans d'attente,
Là où l'espoir vacille et où le cœur se plante.
Les amis sont là, avec leurs rires, leurs vies,
Chaque grossesse, une annonce, nous fait plier sous l'infini.

Sara, si forte, mais seule dans son chemin,
Sans amie pour comprendre, pour tendre la main.
Les jours passent, les mois glissent, et la douleur reste,
Elle porte ce fardeau, sans aucun partage, sans geste.

Et moi, l'homme, fort pour elle, mais brisé à l'intérieur,
Mes larmes dans l'ombre, sous la douche, dans la peur.
Je suis là pour la soutenir, pour la protéger,
Mais qui est là pour moi, quand je me sens effondré ?

Les nuits sont longues, et sous la couette, seul,
Je crie silencieusement, mon cœur se désole.
La solitude d'un homme qui doit être fort,
Mais, parfois, voudrait tout laisser, abandonner, sans effort.

Puis un groupe, un mot, un partage, un soulagement,
Un futur papa qui, comme moi, ressent cet achèvement.
Dans ces échanges, j'entrevois un peu de lumière,
Je n'ai plus l'impression de vivre dans une terre entière.

Les réseaux, les paroles, ces moments partagés,
Donnent un peu de sens, un peu de vérité.
Et dans cette solitude, j'apprends à me confier,
À comprendre que, parfois, il faut juste s'entraider.

Et peut-être qu'un jour, ensemble, main dans la main,
Sara, toi et moi, nous verrons enfin le matin.
La solitude ne sera plus qu'un souvenir lointain,
Et nos cœurs, guéris, brilleront d'un même chemin.

Les Aiguilles du Parcours

Des flacons, des seringues, un monde de piqûres,
Des heures qui s'étirent dans une attente dure.
Sara, chaque matin, chaque soir, chaque nuit,
Sert son corps à la science, sans jamais fuir.

Les hormones défilent, les protocoles à suivre,
Chaque geste précis, chaque mouvement à vivre.
Les aiguilles sifflent, et l'on compte les doses,
Des doses d'espoir, des doses de choses.

Son amie infirmière, douce et patiente,
Chaque jour, chaque soir, l'aiguille pénétrante.
Elle fait ce geste, avec toute sa tendresse,
Soulagée par l'amitié, sans jamais de faiblesse.

Moi, en arrière, je regarde, admiratif,
De voir Sara, si forte, dans son combat intensif.
Un jour, j'ai osé, j'ai piqué, une seule fois,
Et dans ses yeux, j'ai vu la fierté de notre émoi.

Mais la fatigue vient, elle s'installe, sans bruit,
Sara s'épuise, le corps trop lourd pour la nuit.
Les heures s'allongent, les pensées s'étiolent,
Mais toujours elle avance, même quand tout dégringole.

Elle porte cette charge, mais ne faiblit jamais,
Car chaque piqûre, chaque douleur, chaque secret,
La conduit un peu plus près de notre espoir,
Et même épuisée, elle continue à y croire.

À tes côtés, impuissant

À tes côtés, je regarde, je serre les poings,
Tu subis chaque piqûre, chaque dose, chaque jour,
Ton corps livré aux aiguilles, aux chemins incertains,
Quand moi, je reste là, sans pouvoir t'offrir secours.

Tu portes en toi la lourdeur des traitements,
Les prises de sang, la fatigue qui s'installe,
Les vagues d'hormones, les douleurs, les moments
Où ton sourire se voile, où ta force chancelle.

Je n'ai eu qu'à donner, d'un geste léger,
Une part de moi, quelques instants, sans peine,
Et pourtant toi, chaque battement, chaque jet,
Tu l'offres, tu l'encaisses, comme une reine.

Il y a des nuits où, seul dans le noir,
Je souhaiterais pouvoir souffrir à ta place,
Prendre tes douleurs, alléger ce devoir,
Mais je n'ai que mon amour pour faire face.

À toi, ma compagne, ma force en silence,
Je dois tant de respect pour ton courage immense,
Et même si je suis là, fidèle à t'aimer,
Je reste impuissant, devant ce que tu as porté.

Le Corps Médical

Un regard glacial, un silence lourd,
Quand je suis l'homme, je ne compte plus,
Dans cette salle, je suis invisible,
Un spectateur, où l'on ne m'inclut pas.

Sara, elle, médecin parmi les médecins,
Sa blouse blanche fait d'elle un collègue, pas une patiente,
Le respect se perd, l'humanité s'efface,
Un simple numéro, une relation sans grâce.

Certains ferment les yeux, d'autres détournent le regard,
Loin de la chaleur humaine, il n'y a que des barreaux,
Je suis là, à côté d'elle, mais on ne me parle pas,
Un acteur absent, dans ce théâtre sans émoi.

Et puis l'Espagne, lumière dans cette brume,
Une clinique, des sourires, des mots doux,
Le respect, la parole partagée,
Nous deux, égaux, dans le même chemin tracé.

Les médecins là-bas prennent le temps d'écouter,
Nous regardent, nous parlent, sans jamais juger,
Sara, ma compagne, n'est plus une collègue,
Elle est une patiente, respectée, écoutée.

Enfin un gynécologue, ici, en France,
Qui voit en elle une femme, avant tout, avant la science,
Avec lui, l'échange est vrai, sincère,
Il nous prend dans son respect, il nous donne l'air.

Le corps médical, parfois, est froid,
Mais il y a aussi des visages qui réchauffent,
Des mains qui soignent, des cœurs qui parlent,
Et c'est là que l'espoir renaît, dans cette lumière sans égale.

Barcelone, berceau d'espoir

Sous le soleil de Barcelone, un souffle d'été,
Nous arrivions, le cœur empli d'espoir,
Vers cette clinique, au bout du monde,
Cherchant la vie dans la lumière du soir.

Cinq embryons, cinq promesses tissées,
Parmi les rues anciennes, les pierres dorées,
Entre les murs d'Airbnb, quartiers mêlés,
Chaque coin de la ville portait notre souhait.

Des repas de paella, un goût d'évasion,
La ville brûlante nous portait sans détour,
Comme une complice de notre mission,
Dans l'attente de vie, du frisson de l'amour.

Un hôtel étoilé pour sceller l'espoir,
Le luxe d'une nuit comme un doux talisman,
Nous priions pour ce rêve d'un soir,
Pour qu'un de ces trois devienne enfant.

Et sous la chaleur brûlante de juin,
Un petit battement s'est mis à éclore,
Un embryon qui accroche, une vie qui s'en vient,
Chloé, notre étoile, notre précieux trésor.

Barcelone, terre de nos vœux chuchotés,
Ville des rues où tout a commencé,
Merci pour ce soleil, pour ce chemin tracé,
Pour ce rêve qui s'est réalisé.

Chloé, née de ta force et ton espoir

Trois années d'attente, de rêves à bâtir,
De patience infinie et de promesses murmurées,
À chercher ce chemin, sans jamais fléchir,
Pour que Chloé, enfin, puisse un jour arriver.

Trois fois l'insémination, le cœur grand ouvert,
Deux ponctions vécues comme autant de combats,
De la France à l'Espagne, franchir la frontière,
Avec, dans chaque pas, l'espoir que rien n'abat.

Et puis, Chloé, un matin, comme une lumière,
Un souffle, un éclat, un miracle entre tes mains,
Elle est là, dans tes bras, douce et fière,
Fruit d'un amour et d'un courage sans fin.

Aujourd'hui tu es père, ton rêve accompli,
Dans chaque sourire de Chloé, une victoire,
Elle est là, preuve que l'amour construit
Les plus belles pages de nos histoires.

Être papa

Dans ses grands yeux clairs,

Tout l'univers se reflète,

Je suis là pour elle.

Positif

Trois ans de combats, trois ans de silence,
Et cette prise de sang, dernière chance,
Le verdict suspendu, entre espoir et crainte,
Nos cœurs battent fort, à l'unisson, sans feinte.

Le silence, lourd, envahit la pièce,
Le téléphone sonne enfin, avec promesse.
Le résultat est là, sous nos yeux ébahis,
Positif. Une joie infinie, enfin, ici.

Nous restons là, figés, à peine croyant,
Les mots ne viennent pas, tout semble flottant.
Nous nous regardons, incrédules, sans parler,
Comme si ce miracle était trop beau pour y croire, pour
l'accepter.

Je pose ma main sur ton ventre, tout juste frémissant,
Je t'envoie toute mon énergie, douce et vibrante.
Je pense à notre bébé, tout petit, tout fragile,
Je veux qu'il grandisse, qu'il soit fort, qu'il brille.

Trois ans de doutes, trois ans de douleurs,
Mais aujourd'hui, notre rêve naît dans le cœur.
Enfin, nous allons être trois, cette famille tant désirée,
Ce jour est notre victoire, notre espoir retrouvé.

Il est là, ce miracle, tout au fond de toi,
Et dans ce moment, je ne vois plus que de la joie.
Ce n'est plus un rêve, mais une réalité,
Nous allons être parents, ensemble, unis, à jamais.

Le Voyage du Papa

Ses mains sur ton ventre, chaque jour, chaque nuit,
Je sens la vie grandir, encore un peu, puis,
Un mouvement doux, un frémissement léger,
C'est toi, petit être, qui apprend à danser.

À chaque échographie, je me tiens là,
Ému, fier, un peu perdu parfois,
Un doigt qui se pointe, un premier contact,
Le monde change, tout devient exact.

L'annonce du sexe, un secret enfin révélé,
Ma joie, mes peurs, mes rêves mêlés.
Je suis père, je vais l'être, un monde à découvrir,
Mais le stress me serre, l'incertitude à fuir.

Les nuits blanches, les pensées qui tournent,
Comment t'accompagner, être à la hauteur ?
Les heures passent, mais je ne peux m'endormir,
Car ton arrivée est mon plus grand désir.

Je pose ma main sur toi, à chaque mouvement,
Et je sens tes pieds, petits et persistants.
Je te parle, je te chante, je te fais écouter,
Des musiques, des mots, tout est prêt pour t'aimer.

Parfois, je pose mon oreille, juste là, contre toi,
Je veux t'entendre, sentir ta vie, ton émoi.
Ma belle Sara, toi qui portes notre rêve,
Je suis là, à tes côtés, dans ce voyage sans trêve.

Je ne sais pas encore ce que sera demain,
Mais je sais que dans ton regard, je serai bien.
Chaque instant passé avec toi, petit cœur,
Me prépare à t'aimer, avec toutes mes peurs.

La Naissance de Chloé

Une journée, douce, silencieuse, pleine de promesses,
Sara, à tes côtés, je sens le monde qui progresse.
Tu vas donner la vie, tu vas me rendre père,
Dans cette salle, il y a de l'amour, de l'espoir, de la lumière à
faire.

Puis, une pointe de panique, une aiguille si grande,
La péridurale, ce geste qui fait trembler,
Mais je suis là, je tiens ta main, je te rassure,
Dans ce frisson, nous avançons, tout semble si pur.

Et puis, un cri, un souffle, un battement de cœur,
Chloé arrive, fragile, belle, pleine de splendeur.
Son petit visage, tout juste né, tout juste formé,
Rempli de cheveux, une perle précieuse à aimer.

Elle est là, dans nos bras, tout est plus beau, plus grand,
Le monde s'arrête, l'amour se fait éclatant.
Tu l'es, ma fille, notre rêve incarné,
Et dans ce moment, tout est enfin vérité.

La première nuit, et je danse avec toi,
Dans la chambre calme, sous les étoiles, tout bas,
Une valse du Lac des Cygnes, douce et légère,
Dans ce pas, je t'enveloppe de tendresse et de lumière.

Chloé, ma fille, le temps s'arrête ici,
Dans tes bras, je n'ai plus de crainte, plus de vie sans toi,
Tu es tout ce que j'ai toujours voulu, toujours espéré,
Et je te porte, à jamais, dans ce rêve éveillé.

Papa à plein temps

Le matin se lève et c'est toi que je vois,
Ton sourire, Chloé, illumine ma journée,
Être papa au foyer, c'est mon bonheur à moi,
Mon rôle à plein temps, celui que j'ai rêvé.

Je veille sur tes rires, sur chacun de tes pas,
Les petites découvertes, les premiers mots,
Chaque instant partagé avec toi là-bas,
Dans notre cocon, hors du monde et du tempo.

Quand ta petite main cherche la mienne, confiante,
Quand tes yeux s'émerveillent, tout est enchantement,
Je vis le présent, je vis l'instant,
Dans la tendresse douce du quotidien, lentement.

Entre les jeux, les câlins, les goûters sucrés,
Chaque jour est une page de notre histoire,
Être papa au foyer, c'est te voir grandir en liberté,
C'est t'offrir un monde rempli d'espoir.

Merci, Chloé, pour cette chance infinie,
Pour chaque éclat de rire, chaque petit moment,
Car en te regardant, c'est aussi ma vie
Que je redécouvre, en étant papa à plein temps.

La Joie d'Être Papa

Être papa, c'est un bonheur sans fin,
Un amour immense, qui éclate dans mes mains.
La responsabilité douce, fière, légère,
Chaque sourire, chaque geste, me touche, me libère.

J'adore t'apprendre, te montrer le monde,
Te voir ramper, puis marcher, tout s'épanouit,
Chaque progrès, chaque parole qui se fait,
Dans tes yeux, je vois l'avenir qui naît.

Tu joues, tu escalades, tu découvres la vie,
Chaque mouvement est une victoire, un cri.
Je t'apprends des mots, des gestes, des rêves,
Et chaque jour, tu grandis, c'est ce que je célèbre.

La joie de te voir, curieuse de tout,
Observer le monde, petit être, tout doux.
Te voir lire à nos côtés, silencieuse, attentive,
Chaque instant passé avec toi est un rêve vivant.

Ce cri, « papa », qui résonne dans la maison,
Mon cœur explose de fierté, d'émotion.
Te faire rire, te voir sourire aux éclats,
Chaque éclat de joie est un trésor qui m'échappe là.

Tu me serres dans tes bras, et tout s'éclaire,
Le monde devient plus beau, plus sincère.
Tu es ma fierté, ma joie, mon amour,
Et chaque jour à tes côtés est un pur retour.

Je t'aime, petite merveille, et je suis là,
Pour t'accompagner, te soutenir, pas à pas.
Hâte de te voir grandir, de découvrir ton monde,
Car être papa, c'est le plus beau des rôles.

Le Sourire Retrouvé

Il y a longtemps que mon sourire s'est égaré,
Perdu dans les vents, dans les épreuves du passé.
Mon enfance, mon combat, ont effacé cette lumière,
Cette expression sincère, ce rayon de terre.

J'ai vécu des nuits sans fin, des jours sans couleur,
Des rêves brisés, des peines, des heures de douleur.
Le sourire s'est fait silencieux, caché, distant,
Je l'ai cherché longtemps, mais il restait absent.

Et puis, un jour, tu es arrivée, petite merveille,
Dans un monde d'espoir, de tendresse, sans pareil.
Ton regard, ta voix, ton souffle, ta présence,
Ont rallumé mon cœur, allumé ma confiance.

Ce sourire, je l'ai retrouvé en toi,
Dans tes bras, ta joie, ton amour pour moi.
Il est né de ton rire, de ta douceur infinie,
Un sourire vrai, apaisant, un sourire de vie.

Tu es mon rayon, mon soleil retrouvé,
Grâce à toi, enfin, je peux sourire, apaisé.
Ce sourire vient du cœur, il est pur, il est fier,
Il est le fruit de l'amour, de cette vie à refaire.

Je suis un homme heureux, un père comblé,
Et ton sourire, mon enfant, est tout ce dont j'ai rêvé.
Tu m'as redonné la joie, la lumière, la clarté,
Grâce à toi, mon sourire ne s'éteindra jamais.

Deux Ans de Toi, Chloé

Voilà deux ans que je suis papa à plein temps,
Deux ans de rires, de câlins, de moments émouvants.
Tu marches, tu cours, tu ne t'arrêtes jamais,
Ton énergie débordante, ton regard qui brille, ta fierté.

Tu escalades, tu te lances, tu te développes,
Chaque jour, tu te dévoiles, tu prends de l'élan, sans faute.
Tu répètes tout, tu apprends sans fin,
Et ton « papa coquin » me fait sourire chaque matin.

Les bisous, les câlins, ce lien si fort,
Ton amour inconditionnel, qui n'a pas de tort.
Sara, ta maman, est une perle rare,
Et je vois dans vos yeux tout l'amour que vous partagez, à
l'unisson, à l'instar.

Nous t'aimons, Chloé, plus que tout au monde,
Ton rire est notre musique, notre ronde.
Tu remplis nos cœurs de bonheur, de lumière,
Avec toi, chaque jour est un cadeau, une rivière.

Il y a tellement à te montrer, tant à t'apprendre,
Des montagnes à gravir, des rêves à comprendre.
Deux ans de bonheur, parfois difficiles, c'est vrai,
Mais chaque instant avec toi est un trésor qu'on chérit à
jamais.

Hâte de te voir grandir, de te voir t'épanouir,
De découvrir avec toi tout ce que la vie peut offrir.
Chloé, mon amour, tu es notre fierté,
Deux ans d'aventure, et une éternité à aimer.

Un deuxième enfant

Semons cette vie,

Un espoir au bord des larmes,

Un second bonheur.

L'Espoir d'un Deuxième Enfant

Le parcours fut long, semé de doutes, de peines,
Mais l'envie persiste, et notre cœur se maintient.
Chloé, notre trésor, éclaire nos vies,
Mais dans nos rêves, un second enfant s'épanouit.

Malgré les épreuves, malgré les batailles,
Nous sommes prêts, nous savons ce que cela engendre.
L'espoir renaît, bien plus fort que la peur,
Nous voulons agrandir notre famille, avec tout notre cœur.

Retourner en Espagne, au-delà des frontières,
Revivre les espoirs, les doutes, les prières.
Nous savons que la route ne sera pas facile,
Mais notre force est grande, notre amour, indélébile.

Chloé sera une grande sœur, fière et joyeuse,
Elle accueillera ce frère ou cette sœur précieuse.
Nous ferons tout ce qu'il faut, chaque pas, chaque geste,
Pour que ce rêve devienne réalité, pour qu'il ne reste qu'une
promesse.

L'espoir de ce deuxième enfant, il brûle en nous,
C'est une lumière, une étoile, qui nous guide et nous rend
fous.
Nous savons dans quoi nous nous lançons, mais avec la foi,
Nous avançons ensemble, main dans la main, vers ce rêve-là.

L'Espoir Brisé

Nous sommes partis, l'espoir en nous,
L'un de nos embryons, un souffle doux.
Retour en France, le cœur battant fort,
L'attente de la prise de sang, un nouveau sort.

Le verdict tombe, faible mais positif,
Une lueur, une promesse, mais le doute persiste.
Encore un test, encore un espoir,
Mais la joie s'éteint, le cœur devient noir.

Le verdict est cruel, l'espoir s'effondre,
L'embryon était là, mais il n'a pu répondre.
Il s'est accroché, mais n'a pas grandi,
Un rêve brisé, une douleur infinie.

Les passages à l'hôpital, une nouvelle épreuve,
Sara, encore forte, fait face à la crue.
Je suis à ses côtés, la soutenant,
Dans ce combat silencieux, nous avançons ensemble,
lentement.

Cette fois, il faut garder l'énergie,
Pour Chloé, notre lumière, notre vie.
Ce n'est pas facile, mais nous savons que,
Comme toujours, nous nous en sortirons, sans regret.

Une Surprise Naturelle

La veille des vacances, le cœur en suspens,
Sara, enceinte, une nouvelle inattendue, un moment
suspendu,
Pas d'hôpital, pas de transfert, tout s'est fait tout seul,
Une grossesse spontanée, un miracle qui nous éblouit, qui
nous bouleverse.

Sept années d'attente, de luttes et de rêves,
Et voilà que la vie nous offre ce cadeau, à sa manière.
Nous n'y croyons pas, mais le bonheur est là,
Dans nos cœurs, une lumière nouvelle, un espoir qui renaît
tout bas.

Nous partons en vacances, le sourire aux lèvres,
Nos esprits remplis de rêves, de projets à faire.
Ta chambre, nous l'imaginons, douce et colorée,
Chloé, grande sœur, t'attend, prête à t'aimer.

Seras-tu un garçon, une fille, peu importe,
Ton prénom résonne dans nos pensées, doux et fort.
Chloé sera là, pour te guider, te protéger,
Et ensemble, nous formerons une famille unie, à jamais.

C'est un rêve que l'on n'osait plus espérer,
Une surprise, un cadeau, une belle vérité.
Sept ans de lutte, et maintenant ce miracle,
La vie nous sourit, et notre bonheur est sans obstacle.

Le Poids du Silence

Échographie du premier trimestre, un espoir,
Un moment d'attente, de rêves à bâtir,
Nous espérions te connaître un peu plus,
Ton sexe, pour mieux nous projeter, tout juste.

Mais le silence du gynécologue fige l'air,
Habituellement si joyeux, aujourd'hui si amer.
Je sens que quelque chose ne va pas,
Le poids du doute, lourd comme un drap.

Il parle, mais ses mots ne résonnent plus,
Tout s'estompe, tout s'épuise, tout est perdu.
Un œdème sur ton corps, un cœur qui ne bat pas comme il
faut,
Clarté nucale, bien trop élevée, un signal qui fait peur, un
écho.

Tu es gravement malade, le verdict tombe avec une violence
sourde,
Un coup de tonnerre, un vent froid, une douleur qui déborde.
Nous sommes dévastés, en chute libre, sans repères,
Un vertige absolu, un abîme sans lumière.

C'était la pire journée de notre parcours,
Un cauchemar, une nuit sans fin, un tourbillon de jours
lourds.
Mais dans le tumulte et la douleur, nous restons ensemble,
Contre cette tempête, nous restons unis, effondrés.

Le Poids de la Réalité

Nous avons vu la spécialiste, un espoir fragile,
Elle nous explique, avec douceur mais sans péril.
Un contrôle minutieux, une observation froide,
Ton cœur bat, mais le silence est lourd, tout s'effondre, tout
se dégrade.

Elle montre tes bras, tes jambes, si petites, si parfaites,
Mais ton corps souffre, tes pieds, tes mains, tout est là, tout
est net.
Ton œdème est énorme, visible à l'échographie,
C'est la douleur qu'on voit, et la tristesse infinie.

La clarté nucale, bien trop élevée,
Un signal que nous ne pouvions ignorer.
Et là, dans ce cabinet, un verdict sans retour,
Sara, elle souffre, sous cette douleur, sous ce poids lourd.

Il faut encore aller à l'hôpital, pour un geste cruel,
Prélever des cellules, sans anesthésie, sans sommeil.
La voir souffrir, c'est déchirant, c'est insoutenable,
Mais le chemin de la vérité semble inévitable.

Le verdict tombe, froid, net, sans appel,
La trisomie 21, un diagnostic cruel.
Un œdème sur ton corps, bien trop important,
Un futur qu'on ne pouvait imaginer autrement.

Ce moment est le pire, plus douloureux que tout,
L'espoir s'effondre, mais nous restons debout.
Tu es là, notre enfant, mais ton corps souffre en silence,
Et nous, parents, nous devons affronter cette violence.

Le deuil

Un souffle s'éteint,

Le silence emplit nos cœurs,

Le temps cicatrise.

Le Choix de l'Amour

La maladie est là, terrible, implacable,
Un avenir incertain, un poids insupportable.
Entre la vie et la mort, un choix déchirant,
Un choix pour notre futur, pour le nôtre, et pourtant...

Nous n'avions jamais imaginé ce chemin,
Un enfant gravement malade, un destin si incertain.
La spécialiste parle, mais ses mots sont des ombres,
Elle ne peut même pas dire si la vie te fera une place dans ce
monde.

Devons-nous encore souffrir, attendre la fin tragique,
De cette grossesse, de ce rêve, de ce miracle unique ?
Ou devons-nous, avec courage, prendre les devants,
Choisir d'arrêter, d'écouter notre cœur, d'arrêter cette
souffrance, ce tourment ?

Le cœur brisé, mais déterminés, nous faisons le choix,
Un choix d'amour, un choix de douleur, un choix de foi.
L'IMG, un mot terrible, un acte de pure souffrance,
Mais c'est notre décision, prise dans l'amour et la décence.

Nous arrêtons ici, au sommet de notre souffrance,
Pour nous trois, pour notre futur, pour ta délivrance.
Ce choix fut terrible, le pire que nous ayons fait,
Mais nous avons choisi de t'accompagner dans ce voyage,
Avec tout notre amour, malgré la douleur de ce passage.

Une Heure d'Amour

Le 23 septembre, un jour que le cœur ne peut oublier,
Nous sommes accueillis, les bras pleins de tendresse et de
clarté.
Sara, forte et fragile, commence ce chemin difficile,
Les médicaments, le silence, l'attente, tout devient indicible.

Nous parlons à la psychologue, mais le cœur ne veut rien
entendre,
Le terrible moment approche, et nos âmes commencent à se
fendre.
Et puis, dans cette douleur, un souffle, une poussée,
Sara donne naissance à notre enfant, à ce petit corps sans
vie, sans clarté.

Je prends ton corps dans mes bras, une heure, rien que nous
trois,
Une heure où je te parle, je te fais écouter ces musiques que
j'avais choisies pour toi.
Je regarde tes yeux fermés, et chaque seconde me fait
m'accrocher à ce moment précieux,
Car tu es mon enfant, même dans ton silence, même dans
ton absence de joie.

Une heure, juste une heure, mais tu étais là, et moi aussi,
enfin papa pour la seconde fois,
Une heure de larmes, de souffrance partagée, de douleur
infinie, mais aussi d'amour,
Je n'oublierai jamais, même si tu ne peux entendre ni sentir,
je t'ai porté, aimé, chéri,
Et dans cette heure, tu restes mon enfant, à jamais dans
mon cœur.

Puis, nous rentrons chez nous, le vide immense, la tristesse
infinie,
Mais Sara va bien, et je suis là, avec toi, toi qui nous as quitté
trop tôt.
Nos larmes ont coulé, mais l'amour que nous portons à notre
enfant ne s'éteindra jamais,
Nous rentrons chez nous, mais tu es toujours là, dans chaque
battement de notre cœur.

Lettre à N'

Tu aurais dû t'appeler Noah si tu étais un garçon.
Tu aurais dû t'appeler Nora, si tu étais une fille.

Nous t'avons aimé,
Dès que nous t'avons vu à l'échographie.
Dès que nous avons entendu ton petit cœur battre.
Dès que nous avons vu tes petites mains, tes petits pieds.

Pendant 13 semaines,
Nous avons imaginé le bonheur d'être 4.
Nous avons imaginé ta chambre.
Nous t'avons imaginé jouer avec ta grande sœur.

Chloé, ta grande sœur,
T'aurait fait rigoler dès ta naissance.
T'aurait appris toutes les bêtises qu'elle connait.
T'aurait aimé profondément.

Aujourd'hui, nous avons décidé de laisser ta pathologie
t'emporter.
Et nous restons avec un vide indéfinissable.

Malgré tout, tu restes notre enfant.
Notre deuxième enfant.

Ta grande sœur Chloé est là avec nous.
Et toi, N' tu restes à jamais dans notre cœur.

Je t'aime.

Papa

Le Deuil d'un Parent

Elle était là, et pourtant, personne ne l'a vue,
Nora, notre fille, cachée dans nos cœurs et nos vies,
Elle a existé, et pourtant, le monde l'a oubliée,
Elle est partie avant même de pouvoir marcher.

Cette douleur, cette souffrance, un poids indescriptible,
Elle s'infiltre dans chaque pensée, chaque regard,
Un deuil qu'on ne peut partager, personne n'a connu son visage,
Elle a vécu dans le silence, et nous, parents, restons là, brisés, sans voix.

Les jours sont devenus sombres, l'espoir s'est éteint,
La colère, la tristesse se mélangent dans notre âme,
On voudrait crier, hurler cette injustice,
Nos mots restent coincés dans une gorge pleine de larmes.

Notre cœur est brisé, comme un miroir éclaté,
Les morceaux sont là, éparpillés, impossibles à recoller.
Chloé, notre trésor, notre lumière, mais même elle,
Ne peut remplir ce vide, ne peut guérir cette douleur infinie.

Sous la couette, dans le silence, nous cherchons un refuge,
Le monde extérieur semble si loin, si cruel,
Nous n'avons plus de patience, nous n'avons plus de force,
Le cœur lourd, l'esprit perdu, nous sommes deux âmes errantes.

Nous pleurons, oui, nous pleurons pour Nora, pour elle,
Pour tout ce qu'elle n'a pas eu, pour tout ce qu'on ne vivra jamais,
Et cette souffrance, nous accompagnera pour toujours,
Car notre cœur, à jamais, portera son absence, son amour, sa mémoire.

L'Incompréhension

Ils veulent notre bien, mais leurs mots nous blessent,
Frappent là où la douleur ne guérit pas,
La froideur, la maladresse, comme des lames de verre,
Nous laissent dans un silence lourd, sans voix.

"Passe à autre chose", disent-ils, mais comment ?
Quand notre cœur est brisé, tout semble si loin,
La tristesse, comme une mer sans fin,
Nous engloutit, nous noie, nous empêche de respirer.

Les fêtes arrivent, mais elles ne sont plus les mêmes,
Les sourires autour de nous, masquent la douleur,
Noël, un moment de joie, devient un fardeau,
Car il nous rappelle tout ce que nous avons perdu.

Nous pleurons la nuit, après avoir souri le jour,
Nous nous accrochons à des paroles mal placées,
Cherchant à comprendre ce qu'ils veulent dire,
Mais tout nous semble trop lourd, trop difficile à entendre.

Peut-être que nous sommes à fleur de peau,
Mais comment ne pas voir la blessure quand on vit dans la
douleur ?
Nous ne voyons que ce qui nous frappe, ce qui nous brise,
Mais nous savons que vous voulez nous aider.

Nous sommes perdus, noyés dans notre chagrin,
Essayez de nous comprendre, de voir au-delà de nos pleurs,
Car derrière chaque larme, chaque mot mal interprété,
Il y a une douleur immense, un amour qui ne disparaît pas.

La Colère

Pourquoi nous, pourquoi cette douleur ?
Pourquoi ce fardeau, ce poids, ce malheur ?
Pourquoi nous infliger cette épreuve si lourde,
Quand l'amour que l'on porte est si pur, si tendre, si sourd ?

Pourquoi notre fille, pourquoi ce destin ?
Pourquoi ce corps malade, pourquoi ce chemin ?
Nous avons tant à offrir, tant d'amour à donner,
Mais la vie nous l'a pris, sans rien nous laisser.

La colère gronde, elle déchire le cœur,
Elle s'insinue dans l'âme, emportant la douceur.
Pourquoi cette souffrance, pourquoi cette croix ?
Pourquoi un parcours si long, si sans joie ?

Chloé est là, notre bonheur, notre lumière,
Mais dans chaque éclat de rire, il y a cette poussière,
Cette rage cachée, cette douleur inouïe,
Ce sentiment de trahison qui envahit nos vies.

Pourquoi tout ça, pourquoi cette guerre ?
Pourquoi la maladie, cette peur qui serre ?
Nous sommes des parents heureux, c'est vrai,
Mais la colère, elle, ne nous quitte jamais.

Elle est là, invisible, mais si présente,
Elle brûle à l'intérieur, avec une force violente.
Elle est là, avec l'amour, avec la joie,
Elle fait partie de nous, indissociable, voilà.

La Tristesse

Nous pleurons, sans fin, sans raison apparente,
Dans la solitude, dans l'ombre d'une souffrance patente.
Nos larmes dévalent, sans pouvoir les arrêter,
Dans le silence, dans la douleur, sans jamais oublier.

Seuls parfois, dans nos bras l'un de l'autre,
Ou sur l'épaule d'un ami qui nous écoute,
Devant un café, avec une amie attentive,
Nos âmes tremblent, nos cœurs en dérive.

Devant Chloé, nous ne cachons pas notre peine,
Nous lui disons que ce n'est pas sa faute, cette scène.
Elle nous regarde, innocente, aimante,
Mais nos larmes coulent, persistantes, brûlantes.

La tristesse est là, elle va et elle vient,
Un matin joyeux, un soir de chagrin.
Elle s'invite sans crier, sans prévenir,
Un mot, un visage, et voilà tout à redémarrer, à souffrir.

Un ventre qui s'arrondit, une date qui surgit,
Tout peut raviver ce feu de douleur infinie.
Un souvenir, un souffle, un nom prononcé,
Et voilà que nos cœurs se mettent à pleurer.

Nora, toi qui es partie si tôt,
Tu es là, dans nos pensées, dans chaque mot.
Une seconde suffit pour tout faire basculer,
Pour nous faire plonger dans nos larmes effacées.

Mais malgré la tristesse, malgré la douleur,
Nous avançons ensemble, malgré la peur.
La tristesse fait partie de ce chemin dur,
Et, avec elle, nous apprendrons à vivre, même dans l'obscur.

Hommage à nos amis

À vous, amis qui êtes restés là,
À l'écoute de nos cœurs, quand tout semblait bas,
Vous qui avez su entendre nos silences,
Nos cris, nos larmes, dans cette immense souffrance.

Vous avez été là, chaque étape, chaque jour,
Pour nous changer les idées, pour nous donner de l'amour,
À chaque pleur, vous avez tendu la main,
À chaque rire, vous avez partagé notre chemin.

Certains venus de loin, d'autres proches de nous,
La distance n'a pas brisé ce lien si doux.
Des messages, des appels, des visios sincères,
Vous êtes restés présents, traversant la mer.

Vous nous avez fait sourire, même dans la peine,
Vous avez partagé nos moments de haine,
Écouté notre tristesse, notre rage, notre peur,
Avec vous, on a trouvé un peu de chaleur.

Des amis nouveaux, plus forts que les anciens,
Vous êtes devenus notre soutien quotidien.
À chaque mot, chaque geste, chaque pensée,
Nous avons trouvé une force insoupçonnée.

Merci d'être là, de ne jamais faillir,
De comprendre nos silences, de nous voir souffrir.
Vous avez été notre lumière, notre guide,
Dans ce chemin de douleur, vous n'avez pas fui.

À vous, qui nous avez donné plus que des mots,
À vous qui avez partagé nos fardeaux,
Nous rendons hommage, sincèrement, avec amour,
Car vous êtes notre famille, notre soutien, notre secours.

Le second deuil

Dans le silence lourd de nos peines,
Nous avons vu les amitiés se délier,
Certaines se sont enfuies, soudaines,
Laissant nos cœurs nus, sans bouclier.

Il y eut des mains tendues, des âmes sincères,
Des amis précieux, présents sans détour,
Ceux qui savent écouter, porter la lumière,
Malgré nos larmes, malgré le lourd.

Et puis il y eut les autres, absents dans l'ombre,
Fuyant nos regards, nos peines et nos cris,
Nos pleurs, trop lourds, leur font peur, les encombrent,
Ils s'éloignent doucement, laissant un vide infini.

La douleur a fait le tri, sans que nous l'ayons voulu,
Un second deuil, dans cette amitié brisée,
Un chagrin en plus que l'on porte, déçu,
De ces liens qui se perdent dans l'immensité.

Pour ceux qui restent, un merci profond,
À ceux qui ont su voir notre âme écorchée,
Qui nous accompagnent, même sans réponse,
En silence, en présence, sans jamais s'effacer.

Et pour les autres, nous faisons la paix,
Car notre chemin est celui de la lumière,
Même dans la solitude, même dans la faiblesse,
Nous avançons, plus forts, en laissant derrière.

Dans le brouillard

Dans la forêt, je marche, seul, empli de pensées,
Un épais brouillard enroule les arbres et mon esprit,
Chaque pas se perd, chaque sentier semble effacé,
Je cherche un chemin, un souffle, un peu de répit.

Le silence s'étend, dense et cotonneux,
Les ombres des arbres dansent, sans fin ni début,
Je suis là, au milieu, incertain, un peu peureux,
À espérer qu'un jour le brouillard soit abattu.

Mais peut-être faut-il, pour trouver la clarté,
Traverser d'autres forêts, affronter d'autres brumes,
Accepter de se perdre, de douter, de chanceler,
Laisser le temps éclaircir, sous l'aube qui s'allume.

Alors je continue, sans réponse, sans certitude,
Guidé par l'espoir d'un ciel plus dégagé,
Dans cette forêt épaisse, dans cette solitude,
Je laisse mes pensées peu à peu se déposer.

Un jour viendra où l'esprit, comme le sentier,
S'ouvrira, limpide, vers la lumière désirée.

L'ombre des mots

Mon enfance fut une tempête de cris,
Une mer agitée où l'amour s'évanouit.
Des mots tranchants, des regards glacés,
Chaque jour, un combat pour exister.

Le poids des fautes qu'on m'a fait porter,
Comme des chaînes invisibles, difficiles à briser.
Je grandissais dans l'ombre, sans lumière,
Un cœur meurtri, un esprit amer.

À toi, un jour, j'ai confié mes blessures,
Ces souvenirs sombres, ma peine obscure.
Mais tu as retourné cela contre moi,
M'accusant d'être ce que je hais, ton choix.

Je suis blessé, en colère, trahi,
Par ta parole qui trahit ce que j'ai dit.
Je fais tout pour être l'inverse d'eux,
Pour être meilleur, pour rendre Chloé heureuse.

Et pourtant, pour Sara, pour Chloé, pour demain,
Je garde le lien, malgré ce chagrin.
Mais pardonner ? Je ne sais pas si je peux,
Ton attaque a rouvert des blessures honteuses.

Je regrette de t'avoir confié mon passé,
D'avoir cru que tu pourrais l'apaiser.
Mais je me relève, malgré la douleur,
Je suis papa, un roc, même dans la rancœur.

Et si je ne pardonne pas, je continuerai,
À tracer ma route, loin de tes mots blessants.

À Sara, mon amour, ma force

À toi, Sara, ma belle italienne,
Qui as fait de ton courage un chemin de lumière,
Tu as porté, dans la joie et la peine,
Nos espoirs, nos rêves, jusqu'à franchir les frontières.

Dans le creux de chaque piqûre, chaque passage au bloc,
Chaque aller-retour, de France jusqu'en Espagne,
Tu as sculpté notre espoir, malgré le choc,
L'inconnu, l'épreuve, la fatigue qui gagne.

Puis Chloé est née, notre étoile en février,
Ce miracle tant attendu, tant espéré,
Et dans ses yeux brillants, c'est toi que je voyais,
Toi, l'amour et la force qui jamais ne faiblit.

Mais cette année, le destin, cruel et sévère,
Nous a pris deux espoirs, deux âmes en silence,
Une fausse couche et une perte amère,
Deux douleurs qui marquent notre existence.

Pourtant, Sara, tu restes mon étoile, mon amour,
Avec ton courage inépuisable, ta beauté dans l'adversité,
À toi, je dois Chloé, et tant de beaux jours,
Pour toi, ma gratitude, pour toujours, ma fidélité.

Poèmes écrits,

Pour partager mes combats,

Papa, malgré tout.

Deux cœurs, une lumière,

Sara, Chloé, mes étoiles,

Amours de ma vie.